만화로 보는 천주교 교리

세상에서 가장 쉬운
천주교 교리 배울래요?

만화로 보는 천주교 교리
세상에서 가장 쉬운 천주교 교리 배울래요?

2021년 2월 5일 교회 인가
2021년 7월 12일 초판 1쇄 펴냄
2025년 2월 28일 초판 5쇄 펴냄

지은이 · 허영엽
그린이 · 김소정
펴낸이 · 정순택
펴낸곳 · 가톨릭출판사
편집 겸 인쇄인 · 김대영
편집 · 강서윤, 김소정, 김지영, 박다솜
디자인 · 강해인, 이경숙, 정호진
마케팅 · 임찬양, 안효진, 황희진, 노가영

본사 · 서울특별시 중구 중림로 27
등록 · 1958. 1. 16. 제2-314호
전자우편 · edit@catholicbook.kr
전화 · 1544-1886(대표 번호)
지로번호 · 3000997

ISBN 978-89-321-1778-2 03230

값 12,000원

ⓒ 허영엽, 2021
성경 ⓒ 한국천주교중앙협의회, 2021

이 책의 한국어 출판권은 (재)천주교서울대교구 가톨릭출판사에 있습니다.
저작권법에 의해 보호를 받는 저작물이므로 무단 전재와 무단 복제를 금합니다.

가톨릭의 모든 도서와 성물, 디지털 콘텐츠를 '가톨릭북플러스'에서 만날 수 있습니다.
https://www.catholicbookplus.kr | (02)6365-1888(구입 문의)

만화로 보는 천주교 교리

세상에서 가장 쉬운 천주교 교리 배울래요?

글 허영엽 신부 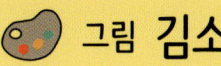 그림 김소정

가톨릭출판사

추천의 말

"너희가 진리를 깨닫게 될 것이다. 그리고 진리가 너희를 자유롭게 할 것이다." (요한 8,32)

† 여러분 모두에게 주님의 평화를 빕니다.

하느님이 우리에게 가장 원하시는 것은 무엇일까요? 우리의 부모님이 우리에게 바라는 것처럼 하느님께서도 당신의 자녀인 인간의 행복을 가장 원하십니다. 우리의 영원하고 행복한 삶의 시작은 참된 진리를 깨닫는 것입니다. 그러므로 행복은 무엇이고 또 어디에서 참행복을 찾아야 하는지 알아야 합니다.

우리 가톨릭의 교리(敎理)는 종교상의 근본 원리나 이치 즉, 하느님께서 계시하신 신앙의 진리입니다. 이 진리는 우리를 세상으로부터 자유롭게 하며 우리를 참행복으로 이끌어 줍니다. 우리가 신앙 생활을 좀 더 잘하기 위해서 성경도 공부하고 사랑을 실천하는데 이에 가장 기본이 되는 것은 교리를 잘 알고 깨닫는 것이라 생각합니다. 우리 가톨릭의 교리서도 시대나 상황에 따라 발전되어 왔습니다. 그러나 어느 시대나 교회의 기본적인 직무는 교리 교육에서 시작합니다.

"영혼의 목자들의 고유하고 중대한 직무는 신자들의 신앙이 교리 학습과 그리스도교인 생활 체험을 통하여 활기차고 뚜렷하며 생산적인 것이 되도록 그리스도교인들의 교리교육에 힘쓰는 것이다."

(교회법 773조)

　우리 교구의 허영엽 신부님이 글을 쓰고 김소정(안나) 자매가 그림을 그려 재미있고 쉽게 설명한 기본 교리를 주보에 게재해 왔습니다. 이것을 보완하여 책으로 묶어 낸다고 하니 반갑고 또 고맙습니다. 어른과 어린이가 함께 볼 수 있는 그림으로 만들어진 이 교리 책은 우리 교구에서 처음으로 나온 것 같습니다. 부디 이 책으로 많은 이들이 올바른 진리에 관심을 갖고 참생명의 갈증이 씻겨지기를 바랍니다. 이 책을 읽은 모든 이에게 주님의 평화와 은총을 청합니다.

2021년 부활절에
천주교 서울대교구 교구장 염수정 추기경

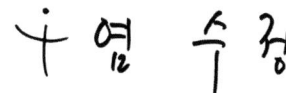

차 례

프롤로그 · 9
1 천주교란? · 11
2 왜 신부님? · 13
3 기독교란? · 16
4 왜 성당에 다녀야 하나요? · 19

5 죽음이란? · 23
6 부활이란? · 27
7 4대 교리란? ① · 29
8 4대 교리란? ② · 32
9 인생의 목적 ① · 35

10 인생의 목적 ② · 38

11 영혼이란? · 41

12 영혼의 행복 · 44

13 천사와 악마 · 47

14 인간의 행복과 불행 · 50

15 우리가 불행해지면 어떻게 해야 하는가? · 53

16 죄에 관한 이야기 · 56

17 예수님의 탄생 · 59

18 예수님이 선포하신 말씀과 기적 · 62

세상에서 가장 쉬운 천주교 교리 배울래요?

1. 천주교란?

신부님, 질문이 있어요.
천주교를 보통 '가톨릭'이라고도 하는데 어떤 말이 맞나요?

가톨릭? 천주교?

음, 둘 다 맞는 말이죠.
가톨릭은 라틴어로 '**보편적**'이라는 뜻이에요.

가톨릭은 '일반적, 보편적'이란 뜻의 그리스어 'katholikos'에서 유래됐어요.
라틴어 ➡ Catholicus
영 어 ➡ Catholic

옛날 중국 신부님들이 이 가톨릭이란 단어를 천주교라고 번역했어요.
하느님이 세운 참종교, 천주님을 믿는 종교라는 뜻에서였지요.

비나이다

천주님을 믿는 종교니까 천주교!

 **우리나라의 첫 번째 신부님은 누구인가요?**

우리나라의 첫 영적 아버지, 즉 첫 번째 사제는 김대건 안드레아 신부님이세요. 김대건 신부님은 1821년에 태어나셔서 중국 마카오 등지에서 신학교를 마치고, 1845년에 사제가 되어 국내에서 활동하셨어요. 그리고 1846년 9월 16일 25세의 나이로 새남터에서 순교하셨지요. 한국 교회에서는 김대건 신부님 탄생 200주년을 맞아 2021년 11월 27일까지를 '성 김대건 안드레아 신부님 탄생 200주년 희년'으로 선포, 다채로운 행사를 진행한답니다.

김대건 안드레아 신부님
(1821~1846년)

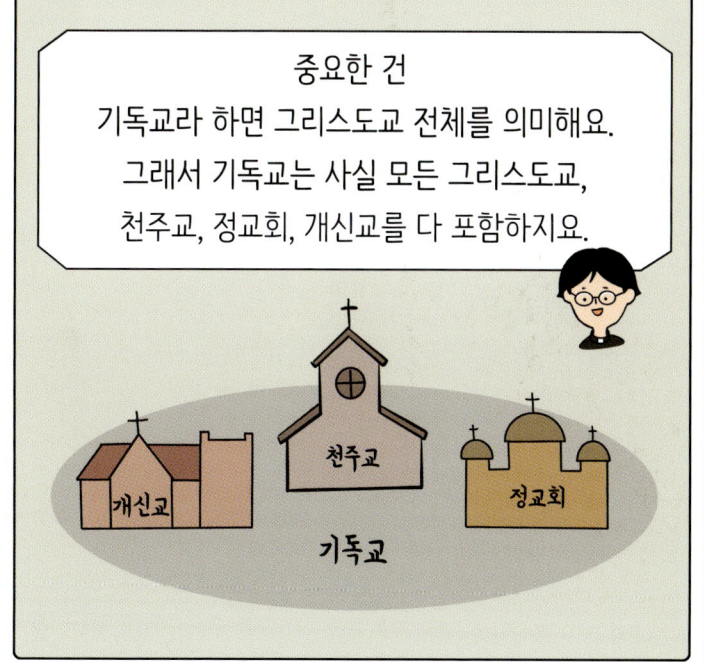

 ## 가톨릭과 개신교의 의미는 무엇인가요?

가톨릭이라는 단어는 본래 '보편적', '공번된'의 뜻을 갖고 있어요.
초대 교리서에 다음과 같이 쓰여 있어요.

> 이 땅에서 저 땅끝까지 온 세상에 퍼져 있는 까닭에,
> 또 모든 사람이 알아야 할 모든 지식을 큰 것이나 작은 것이나 다 포함한 교리를 가르치는 까닭에,
> 그리고 인간의 왕, 시민, 학자, 무식한 자 등 모든 사람을 참다운 신앙으로 이끄는 까닭에
> 그 이름을 가톨릭이라고 한다. 가톨릭을 천주교(天主敎)라고 하는 이유는 우리보다 먼저
> 가톨릭을 전해 받은 중국에서 하느님을 천주(天主)로 부른 데 있다.

그리고 개신교는 16세기 종교 개혁 시대에 유럽에서 마틴 루터를 필두로 가톨릭 교회에 대항하여
'오직 성경, 오직 신앙, 오직 은총'이라는 기본 원리를 주장하며 형성된 그리스도인 공동체예요.
'대항하는 사람들'이라는 뜻으로 프로테스탄트라고도 해요.

가톨릭과 개신교 모두 기독교인데, 기독교(基督敎)는
그리스도의 한자어 음역인 '기리사독(基利斯督)을 믿는 종교'의 준말이에요.
기독교는 개신교뿐 아니라 가톨릭과 동방 교회를 모두 가리키지요.
천주교에서 개신교가 파생되었으므로 형제 교회라 부른답니다.

마틴 루터
(1483~1546년)

 《예비 신자 궁금증 105가지》, 가톨릭출판사, 160-164쪽 참조.

세상에서 가장 쉬운 천주교 교리 배울래요?

4. 왜 성당에 다녀야 하나요?

 **죽으면 어떤 심판을 받나요?**

교회는 인간이 피할 수 없는 네 가지 종말로 예로부터 '죽음, 심판, 지옥, 천국'을 말하고 있어요.
하느님의 사랑과 자비를 거부한 사람은 지옥으로, 하느님을 받아들인 사람은 천국으로 가지요.
하느님의 자비를 받아들였지만, 하느님의 현존으로 들어가기 전에 정화되어야 할 필요가 있다면
연옥을 거쳐서 천국으로 간답니다.

 **죄인은 천국에 갈 수 없나요?**

신앙을 가지고 훌륭한 그리스도인의 삶을 살려고 노력한다면 누구나 하느님의 심판을 두려워할 필요가 없어요.
주님께서는 '아무도 멸망하지 않고 모두 회개하기를 바라시고'(2베드 3,9 참조) 우리가 모두 영원히 살기를
바라시기 때문이죠. 예수님은 당신을 믿고 그 믿음을 행동으로 보여 주는 모든 이에게 천국으로 향한 길을
열어 주셨어요. 만약 지은 죄가 있다면 고해성사를 통해 하느님께 용서를 청할 수 있어요.
하느님의 용서를 청할 수 있는 가장 좋은 때는 바로 지금이에요.

 《YOUCAT 프렌즈》, 가톨릭출판사, 84-86.138-145쪽 참조.

 **세상을 떠난 분을 위해 무엇을 해야 하나요?**

지상에 살고 있는 우리가 세상을 떠난 분들을 위해 구원 기도를 바쳐야 해요. 연옥에 있는 분들의 영혼은 스스로를 구원할 수 없기 때문이지요.

> **연옥 영혼을 위한 기도**
>
> 오! 하느님,
> 창조주이시며 믿는 이들의 구세주여
> 믿음으로 당신을 따르다가
> 세상을 떠난 이들의 죄를 용서해 주소서.
> 우리의 간구함을 통해
> 그들에게 자비를 베푸소서.
> 영원히 살아 계시고 다스리시는 하느님 아버지
> 성령과 함께 세세에 영원한 세상을 이루소서.
> 아멘.

세상에서 가장 쉬운 천주교 교리 배울래요?

6. 부활이란?

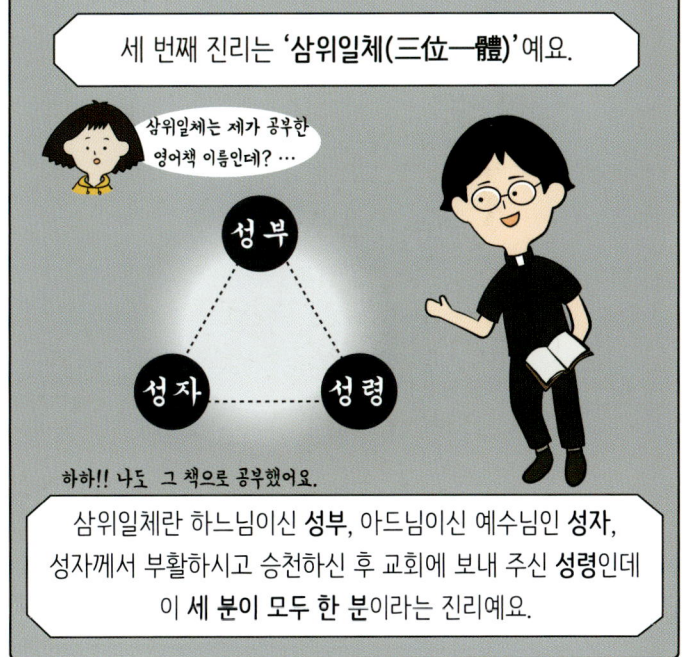

 **위급한 상황에서 4대 교리가 기억나지 않으면 어떡해요?**

위급한 상황에서 평신도가 줄 수 있는 세례인 비상 세례(대세) 때 4대 교리가 잘 생각나지 않으면 사도 신경을 외워도 됩니다. 그 이유는 사도 신경 안에 이 중요한 교리가 다 들어 있기 때문입니다.

> 전능하신 천주 성부 천지의 창조주를 저는 믿나이다.
> 그 외아들 우리 주 예수 그리스도님 성령으로 인하여 동정 마리아께 잉태되어 나시고
> 본시오 빌라도 통치 아래서 고난을 받으시고 십자가에 못 박혀 돌아가시고 묻히셨으며
> 저승에 가시어 사흗날에 죽은 이들 가운데서 부활하시고
> 하늘에 올라 전능하신 천주 성부 오른편에 앉으시며
> 그리로부터 산 이와 죽은 이를 심판하러 오시리라 믿나이다.
> 성령을 믿으며 거룩하고 보편된 교회와 모든 성인의 통공을 믿으며
> 죄의 용서와 육신의 부활을 믿으며 영원한 삶을 믿나이다. 아멘.

 《YOUCAT 프렌즈》, 19.35-39.52쪽, 《YOUCAT》, 가톨릭출판사, 53-55쪽 참조.

 **천사에 대해 더 알고 싶어요.**

하느님께서는 천사들에게 하느님을 섬기는 일과 사람을 보호하는 임무를 주셨어요.

타락한 천사는 악마, 즉 사탄이라고도 하는데 하느님이 창조하신 것들을 파괴하고 혼란과 어둠을 가져오지요.

악마는 증오와 자만심으로 하느님께 대항하고 죄를 짓게 만들어요.

악마의 큰 유혹은 '세상에는 악마가 없다'라고 믿게 하는 것이랍니다.

또한 천주교 교리에 따르면 성 미카엘, 성 가브리엘, 성 라파엘 세 명의 대천사가 있어요.

대천사는 하느님의 특별한 사명을 전달하기 위하여 파견된 천사를 뜻합니다.

한국 교회에서는 9월 29일을 이 세 대천사의 축일로 지정했어요.

《예비 신자 궁금증 105가지》, 118-119쪽 참조.

세상에서 가장 쉬운 천주교 교리 배울래요?

14. 인간의 행복과 불행

세상에서 가장 쉬운 천주교 교리 배울래요?

15. 우리가 불행해지면 어떻게 해야 하는가?

세상에서 가장 쉬운 천주교 교리 배울래요?

16. 죄에 관한 이야기

세상에서 가장 쉬운 천주교 교리 배울래요?

18. 예수님이 선포하신 말씀과 기적

 ## 예수님은 왜 기적을 행하셨나요?

성경에서 예수님은 눈먼 사람의 눈을 뜨게 하시거나 다리 저는 사람을 다시 걷게 하셨어요.
또 성경에는 예수님이 보리 빵 다섯 개와 물고기 두 마리로 수많은 사람을 먹이셨고,
그럼에도 음식이 처음보다 훨씬 더 많이 남았다는 기적에 대한 이야기도 나오지요.
이 기적들을 통해 알 수 있듯 예수님은 하느님의 아드님으로서 이 세상에 오신 분이에요.
기적은 하느님이 모든 사람, 특히 병들고 가난하고 절망에 빠진 사람들을 돌보신다는 사실을
우리에게 알려 주는 사건이라고 할 수 있어요.
이를 통해 우리는 하느님이 우리를 언제나 사랑하신다는 사실을 기억해야 해요.

 ## 성경의 저자는 누구인가요?

성경은 예수님이 직접 쓰거나 제자들이 녹취록을 쓰듯 받아쓴 것이 아니에요.
시간이 흘러 다음 세대에 예수님의 이야기와 가르침을 전해 주기 위해 많은 사람의 성령의 영감으로 쓰였어요.
성경은 인간의 언어와 글로 된 '하느님의 말씀'이자 유일하고 세계에서 가장 널리 분포된 책이며,
하느님의 말씀이 담긴 거룩한 책이랍니다.

▶ 《예비 신자 궁금증 105가지》, 24-26 , 86-87쪽; 《YOUCAT 성경》, 가톨릭출판사, 34-40쪽;
《YOUCAT》, 34-40.90-91쪽; 《YOUCAT 프렌즈》, 27-28쪽 참조.

'예수 그리스도'가 무슨 뜻인가요?

예수 그리스도라는 이름은 예수님의 이름인 '예수'와 사람들이 그분을 불렀던 호칭인 '그리스도'를 합친 거예요. 먼저 '예수'는 히브리어로 '하느님이 구원하신다'라는 뜻이고, '그리스도'는 칭호로서 '기름 부음을 받은 이', 즉 '구세주'라는 뜻이에요.
이스라엘에서는 왕, 사제, 예언자들이 기름 부음을 받았지요.
사도들은 하느님이 예수님에게 '성령을 부어 주신' 것을 알고 있었습니다.
그리하여 예수 그리스도는 '예수는 그리스도(즉 구세주, 메시아)이시다'라는 뜻으로, 그 이름에 신앙 고백이 들어간 셈이랍니다.

예수님의 열두 제자들은 누구인가요?

예수님은 아주 다양한 제자들을 곁에 두셨습니다. 어부, 율법 교사, 세금을 걷어 로마에 바치는 세리, 몇몇 여인들까지 말이지요. 또한 성경에는 예수님께서 각별히 지냈던 12명의 제자가 나오는데 이들을 가리켜 '열두 제자', '사도'라고 부릅니다. 열두 제자의 이름과 상징물은 다음과 같아요.

▌ 김진태 외, 《명동대성당: 가톨릭 미술이야기》, 천주교 서울대교구 홍보위원회, 68-72쪽;
《예비 신자 궁금증 105가지》, 82-83쪽; 《YOUCAT》, 79-80쪽 참조.

MEMO

MEMO